동그라미
속에서
산다

동그라미
속에서
산다

장의순

초판 발행 2025년 11월 1일
지은이 장의순
펴낸이 안창현 **펴낸곳** 코드미디어
북 디자인 Micky Ahn
등록 2001년 3월 7일
등록번호 제 25100-2001-5호
주소 서울시 은평구 갈현로 318-1 1층
전화 02-6326-1402 **팩스** 02-388-1302
전자우편 codmedia@codmedia.com

ISBN 979-11-93355-42-8 03810

정가 12,000원

이 책의 판권은 지은이와 코드미디어에 있습니다.
잘못 만들어진 책은 교환해드립니다.

RAINBOW | 124

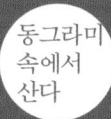
동그라미
속에서
산다

장의순 시집

詩人의 말

뇌세포가 막혀 버린 듯 먹먹한 심정이다.
두 번째 시집 『아르페지오네 소나타』를 내고
벌써 8년 차다.
나무늘보다.
나름대로 열심히 살았지만 변명은 구차하다.
아내 역할 엄마 역할 자신의 건강을 위한 시간들,
8년이 잠깐이었다.
세 번째 시집이 내 마지막 시집이 될지 모른다는 생각에
한편 한편에 애정을 쏟는다.
나와 연이 닿았던 모든 분에게 감사와 축복을,
이 시집을 읽어 주시는 모든 분에게 큰 축복이 내리시길
기도하는 마음이다.
감사 또 감사를 드린다.

2025년 가을
장의순

차례   시인의 말 · 4

1부   봄 이야기

인생의 변주곡 _14

초승달 _15

벚꽃길에서 _16

벚꽃이 지던 날 _17

어머니 _18

세월을 재촉하면서 산다 _19

벽 _20

회억 1 _21

회억 2 _22

쓴냉이 꽃 2 _24

애기똥풀꽃과 민들레 _25

대부도 봄 바닷가 _26

재밌는 야생화 이름들 _27

강릉 가는 길 _28

송화 금가루 _29

청매실을 씻으며 _30

감자의 말 _31

2부 여름 이야기

매미의 웃음소리 _34

여름의 절정 _35

보시 _36

며느리 밑씻개 풀 _37

냄비 속 개구리 _38

만남 _39

가붕개 _40

업보 _42

가지찜 만들기 _44

연근을 다듬으며 _45

풀꽃 2 _46

8월을 보내며 _47

천적 _48

호박 잎사귀 쌈밥 _49

문득 _50

퇴원 전날 _51

차례

3부 　　가을 이야기

아, 목동아 _54

맥문동 이야기 _55

무당거미 2 _56

무당거미 3 _57

무화과 _58

벚나무 _60

동그라미 속에서 산다 _62

가로수 은행나무 _63

아~아~아 _64

나는 아무래도 시를 써야겠구나 _65

밤 한톨 줍고 싶어 _66

우면산 등산 _67

아코디언을 연주하는 남자 _68

가을이 깊어가네 _69

11월이 끝나는 날에 _70

4부   겨울 이야기

스타벅스와 사이렌 _74

마스크 1 _76

마스크 2 _77

잃어버린 일상 _78

코감기 _80

나이아가라 폭포 _81

바람 소리 2 _82

바람 소리 3 _83

화 _84

눈 2 _85

시인이란 _86

마취가 풀리면서 _87

팔자와 운명 _88

한파 속에서도 _90

행복한 오후 _91

차례

5부 　　그리고 삶

속도의 정의 _94

구름위의 하늘 _95

아귀와의 인연 _96

건망증 _98

웬수야 _99

청어구이 _100

콩나물 _101

세상 살고보니 _102

산수유 열매 _103

네 개의 사과 _104

귀신이 무슨 힘이 있다고 _106

그래島 _107

종착역 _108

취팔러마 _109

회색 인간 _110

불사조 _112

바람 소리 4 _113

동그라미
속에서
산다

그 속에서
우리는
다시 새 날을 맞이하고
보내고
맞이하고

인생은 변주곡이다.

-「인생은 변주곡」 중에서

1부

봄
이야기

인생은 변주곡

같으면서도
똑같지 않는
같지 않으면서
똑같은 나날들
탄력 있는 행성의 궤도를 오르내리고

빙글빙글
기억 속에
SP의 낡은 레코드판이 돌아간다
찍찍거리며
라벨*의 볼레로

그 속에서
우리는
다시 새 날을 맞이하고
보내고
맞이하고

인생은 변주곡이다.

* 라벨 : 모리스 라벨(Maurice Ravel, 1875~1937). 프랑스 작곡가.

초승달

고개를 드니
서쪽 하늘이 산뜻하다
똘망한 샛별 하나 거느린
초승달

오늘
그대를 만난 것이
운이 좋았던 게지
금방 산 너머로 바삐 가버릴 님이고져

눈썹달, 손톱달, 깃털달
내 육신의 어디서 몰래 빠져나간 조각을
한참을 쳐다보며 또 쳐다보며
비틀거리며 걷는다.

벚꽃길에서

사월 중간엔 어딜가나 꽃길이다
하얗게 날리는 벚꽃 잎을 보며
바람에 흘러 다니는 꽃 비늘을 보며
꽃길만 걸으세요 인사말이 무색해진다
나두야 꽃잎 속에 유영流泳하고 있기에

떨어진
흰 꽃잎, 붉그레 더욱 예뻐지더니
끝내 흙으로 돌아가네
얼마나 기다렸던 행복은 잠깐이었네
웃고 울고 하는 우리의 인생처럼.

벚꽃이 지던 날

꽃잎이 흐른다
세월처럼

땅 위에 떨어진 꽃잎
희지도 붉지도 않아
더 정감이 가네

그러나
바람 불어
우리의 인생처럼 밀려다닌다

꽃잎이 흐르니
낸들 어찌 머물 수 있으랴
내년에도 후년에도 이 길을 걸을 수 있을까.

어머니

아~
어머니
당신은 카치니의 아베마리아
영혼을 모으는 간절한 기도
처연한 선율이다

아~
아~
이 세상에 없는 당신은
내 가슴속 깊은 곳에
아무 말도 소용없는
비장한 음악이다

아~
아~
아~
온 우주를 돌고 돌아도
표현할 길 없는 가없는 사랑
어머니.

세월을 재촉하면서 산다

겨울, 칼 추위에 시달리면
어서 봄이 왔으면
여름, 찜통더위에 시달리면
어서 가을이 왔으면
이래저래 혹은 막연히
더 좋은 내일을 바라며
세월을 재촉하면서 살아가는 것이다
사람들은 세월이 유수와 같다고
화살과 같다고
붙잡을 수 없는 시간이 아까워서 한탄 하지만
변화하는 계절 속에 우리는 넘치도록 행복해 왔다
모두가 욕심이다
누군가 세월을 붙잡을 수 있다면 그것은 마지막 순간일 뿐이다
유한한 우리의 삶을
바퀴 달린 시간에 채찍을 가하듯
기다리며, 재촉하며
마침내
아쉬워 뒤돌아볼 겨를도 없이
그냥, 굴러 굴러가는 것이다.

벽

부딪쳐야 새로운 길이 열린다
나는 수십 년을 흰 면 빨랫감은 반드시 삶았다
도톰한 면양말과 수건과 속옷까지 양은 찜통 한가득 삶아
두 번씩 세탁한 셈이다

이제 힘이 벽에 부딪혀 그냥 햇볕에 여러 날을 말려보니
새하얗게 바래진다
그간 많은 시간을 낭비 하였다
그 시간에 책을 읽었다면, 시를 썼다면
햇빛이 해결하지 못 한 일이 있었던가
내 푸르던 젊음도 햇빛이 하얗게 바래 먹었지
벽에 부딪힌 마지막 에너지가 밝혀낸 지혜가 내 손을 돕는다
괜스레 가루비누를 처넣어 이글 거리는 불 위에 올려놓고
삶고 삶아서 고무줄이 터지고, 끝내 바닷속까지 오염 시킬 이유가
없었다는 것을 이제사 깨닫는다
아주 할 수 없는 날의 반동이다.

회억回憶 1

전기밥솥 배꼽이 칙칙거리며 빙빙 돈다
먼 옛날 내가 초등 3학년 때쯤 일 게다
아무도 없는 부엌에서 처음으로 밥을 짓기 시작했다
아궁이에 불을 지피고 한참을 기다리니
크다란 무쇠 솥뚜껑이 들썩들썩 굉음을 울리며 눈물을 쏟아 낸다
너무 무서워서 마당을 몇 바퀴 돌았다
돌고 와도 들썩였다

....

무쇠 밥솥, 냄비 밥솥, 압력밥솥, 전기밥솥에 이르기까지
수십 년을, 솥의 덩치도 종류도 가족 수와 비례해서 작아지고 달라졌다
내 젊음도 세월 속에 녹아 이지러져 가는데
아직까지도 나는 글쓰기보다 밥쟁이로 더 익숙해 있다.

회억 2

'그리운 날 옛날은 지나가고
들에 놀던 동무 간 곳 없으니
이 세상에 낙원은 어디메뇨'

어린 날이 그립다
학예회 연습 때
머리를 까닥까닥하며 부르라고 야단치던 깡마른 담임 선생님도 그립다

'오 수재너
스와니강
켄터기 옛집
금발의 제니
꿈길에서'
포스터*의 곡은 아련한 향수가 어려있다
명곡집이 누더기가 되도록 둘러앉아 불렀던 옛친구들
지난날이 그리운 것은 다시 돌아올 수 없는 날이기에
이제 올드 블랙조는 나의 자화상이다

'나 홀로 머리를 숙이고서 가노니'
고개를 까닥까닥한다.

---
*스티븐 포스터(Stephen Collins Foster,1826~1864) : 미국의 민요 작곡가.

쓴냉이꽃 2

아파트 후원 돌담 사이
목을 길게 내어민
노오란 쓴냉이꽃
실바람에도 가냘픈 떨림의 몸짓이
눈길을 끈다

30여 년 만에 써보는
쓴냉이꽃 2편
그간 천 리 길 만릿길 돌고 돌아도
처음 본 그곳은 아니거늘
쓴냉이 네가 거기 있었기에
나는 젊은 날로 되돌아 갈 수 있었다네
그때도 따스한 5월이었지
달라진 건 내가 다리가 아플 뿐이야.

애기똥풀꽃과 민들레

봄 들녘에서
지가 더 샛노랗다고 서로 다툰다

이윽고
애기똥풀꽃은
내 몸속에 흐르는 피까지 샛노랗다고 기염을 토한다

'똥풀아
너는 멀리 날 줄 모르지
나는 조금 있으면 낙하산 되어 하늘로
날아서 바람 타고 어디든 간단다'
민들레는
동그란 웃음을 해님에게 보낸다

애기똥풀꽃은
흐드러진 울음으로 젊은 엄마를 부른다.

대부도 봄 바닷가

여기가 어딘가
수억 년을 비바람
파도가 만들어낸
C자형의 갯벌 바닷가
검은 갯돌 밑엔
작은 생명들이 우글거리네

모처럼 문우님들과 나들이
와글와글
동심에 젖어
시 한 수 얻기도 쉽지 않다

건너편 포구를 싸고
이어져 있는
작은 섬들은 해무에 잠겨
어디선가 본 듯한 동양화 같은 평화로운 봄 바다.

재밌는 야생화 이름들

개부랄꽃, 며느리 밑씻개 풀꽃, 며느리 배꼽

재밌는 이름 앞에 웃게 되는 것은 우리가 행복을 선물 받은 거다 오장육부가 춤추듯, 한바탕 웃고 나면 아픈 곳도 없어진다 웃음이 보약이란 말을 실감한다

개부랄꽃 잎새는 난보다 조금 더 넓고 꽃은 날개 달린 홍보석처럼 간결하다. 예쁜 이 야생화에게 누가 맨 처음으로 그런 이름을 붙여 주었을까

개부랄꽃을 복주머니 꽃으로, 요강꽃으로 바꿔 부르자고 하자 반대하는 사람들이 많았다 가장 사실적으로 재밌고 순수한 이름이니까

사람들이 화나면 본능적으로 내뱉는 욕이라는 것이 모두가 배꼽 아래에 있는 생식기를 들먹인다 알고 보면 생명을 이어가는 성지인데 왜 그곳을 욕되게 써먹는지

며느리 밑씻개 풀, 며느리 배꼽

며느리를 미워하며 시어머니가 선택한 가시풀이다

시어머니와 며느리, 풀기 어려운 숙제, 사연이야 슬프지만 아무튼 우습다 왜 우스운지 나도 모를 일이다

미개한 토인들도 성기만은 가린다

그곳이 聖地이기 때문이다.

강릉 가는 길

따스한
삼월의 나지막한 하늘
꿈속을 걷듯 홀연히
내 이곳을 걷고 있네

황톳빛
굽이굽이 산길을 따라
그 옛날 선비님이
청운의 꿈을
괴나리 봇짐 속에 감추고
쉬며 쉬며 넘던 그 고갯길을

오늘
청아한 강원도 땅에서
여우 호랑이 나오던
옛날을 생각하네.

송화 금가루

하늘 향한
손가락 새순에
금 수술이 빼곡히 박혔다

이윽고
샛노란 금 고물이 뿜어져 나온다
사방으로 흩어져
고물차도 외제 차도
뒤집어쓰니 모두가 풍요롭고
화~ 안 하다

보드랍고 향긋한
소나무 꽃가루
찹쌀떡에 무쳐
해 긴 봄날에 게걸스레 먹고 싶다.

아스팔트 길 위에도
물기 낀 흙바닥에도
노오란 지도 오월을 그린다.

청매실을 씻으며

어느 보석이 이리도 예쁠까
너는
초봄의 정기를
한껏 흡입하여 눈 속에서 꽃 피웠다

그 열매
연둣빛 새싹 속에 숨어
몰래몰래 굵어졌지
너를 씻으니
내 손에 내 안에 푸른 물이 든다

이제
백일 지나면
너의 진액이 흘러 모여
네가 지닌 향기를 마실 때
神仙도 시샘하겠다

감자의 말

꽁꽁 싸매어도
베란다 수도꼭지가 얼어붙은 한파다
사과 박스에
그냥
신문지 몇 장 덮어둔 감자는 싹이나 도깨비 주먹이다
추울수록 더 왕성해지는 생명력에 귀 기울이니
'나는 감자라오, 초여름에 꽃을 보여줄테니 나를 흙 속에 묻어주오'한다
나는 잠시 더듬다가
'내가 흙이다 내 속에 묻어줄께, 내 안에서 하이얀 꽃을 피워다오.

쏴아쏴아 쏴아쏴아
파도에 깍이는 해변의 자갈처럼
이제, 나의 여름도 다 닳아간다.

-「여름의 절정」중에서

2부

여름
이야기

매미의 웃음소리

하하하하하
나는 숲속의 제왕이다
7년간을 땅속에서 나무에서 기어다니다
비 갠 어느 날
하느님이 날 불쌍히 여겨 날개를 달아 주었네
목소리도 내 몸뚱이 보다 몇만 배 더 큰 확성기를 달아주었지
하늘을 날아오르고
빌딩 같은 아파트 창문 방충망에 붙어 고래고래 소리 질렀지
날 좀 보소, 날 좀 보소, 하고
날 반겨주는 시인 할머니는 내 모습을 찰칵하고 사진 찍어 주었어
ㅎㅎㅎㅎㅎ
내 삶이 짧으면 어때
목청껏 노래 불러서 짝을 만났고, 한여름을 정복 하였네
나는야 푸르고 찬란한 여름을 화려하게 살다 간다.

여름의 절정

쏴아쏴아 쏴아쏴아
거대한 철 그물망에 쇠구슬을 굴리는 소리

고작 엄지만 한
저 미물의 합창이
어느 장엄한 오케스트라의 연주를 능가 한다
여름의 절정이다

힘찬 너의 합창을 듣노라면
네가 하늘을 날으는 매미가 될 때까지
얼마나 많은 힘을 비축했을까

쏴아쏴아 쏴아쏴아
파도에 깍이는 해변의 자갈처럼
이제, 나의 여름도 다 닳아간다.

보시

엄청 가렵다
개미한테 물린 모양이다
배와 허리가 꽃구름 바다다
어제, 문우님의 별장 야외에서 어깨에 가시로 찌르는 통증
이 있어 옷 위를 문지르고 비벼 댔더니 아래로 내려와
더 열심히 물어뜯긴 흔적이다
어느 보살님은 〈보시다 보시다〉한다.
싯다르타*는 보리수 나무 아래서 그 많은 날들을 벌레들한테 얼마나 물렸을까.

---

*싯타르타: 고타마 싯타르타. 석가모니의 본명(기원전 563무렵~483 무렵). 인도 출생 불교 창시자.

며느리 밑씻개 풀

가시풀로 밑을 씻으라니
틀림없이 시어미의 짓이겠다
지는 창포물에 씻으면서
홀시어머니의 질투와 시샘을 어찌할꼬
대를 잇는 손주는 환장하도록 좋아하면서
아서라
손주의 본향을 까맣게 잊으셨지.

냄비 속 개구리

가스대 위에
음식 냄비를 올려놓고
바로 옆에서 설거지를 하다

타는 냄새가 진동할 때
"이크 몽땅 타 버렸네"

후각은 서서히
그리고 빠르게 냄새에 익숙해진다
세상만사 익숙해질 때 낭패가 기다리는 걸 모른다.

만남

역사는 만남에서 시작된다
'너하고 통화하면 하나도 안 아프다' 수년 전에 타계한 친정 언니의 말이다
 왜 더 많이 만나고 통화하지 못했던가.
 ······
 오늘
 아프던 내 무릎도 조금도 아프지 않았다
 준비해 간 약도 필요 없었다
 만남은 서로를 알기다
 차갑고 까칠해 보였던 사람도 가까이서 보면 의외로 소탈하다
 내가 먼저 마음에 문을 열지 못한것이 문제가 아니었을까.

가붕개

정치가들이 만들어 낸 신조어
가붕개는 가재, 붕어, 개구리의 준말
밀리고 처져 볼품없이 낙오된 사람을 가리키는 말이다

가재 붕어 개구리
어린 시절 향수를 불러주는 귀여운 생명체를
네 무슨 자격으로 훼손 하는가
우리의 정서 속엔 고래 코끼리는 없어도 가재 붕어 개구리는 살아 있다
산골짜기에 졸졸 흐르는 물속 돌을 들춰보면 가제가 꼬물꼬물 나왔다
어린 시절 가재는 보기만 해도 재미있었다
쪽대로 붕어를 풀숲으로 몰아 잡는 오빠 뒤를 깡통을 들고 쫓아다녔던 일
여름비 오는 무논에서 와글와글 개구리들의 합창을 잊을 수 없다
다빈치*가 해부도를 남긴 것도 외삼촌이 다빈치를 데리고 이끼 낀 풀밭에서 개구리를 잡아 해부하는 것을 보여줬다
천재는 동물적인 기상이 번득이는 어린 시절에 형성된다

고 한다. 그때 그 개구리가 없었다면,
　　가재 붕어 개구리를 누가 최초로 가붕개라 했을까
　　왜 아름다운 우리 고유명사를 머리만 두고 잘라 버렸을까
　　ㅎㅎㅎ무거워서.
　　소중한 생명체들이 때 묻은 정치꾼들로 인해 불구가 되었네.

---
* 다빈치: Leonardo da Vinci(1452~1519). 이탈리아 거장 예술가.

업보

대부도 갯돌 밑에서
잡아 온 새끼 게 한 접시 분
소금물로 바다를 만들어
굴이며 바지락 고동도 함께 넣었다
하룻밤 자고 나니 절반이 죽었다
아침저녁으로 새 바다를 만들고
멸치를 가루 내어 뿌려줘도 절반씩 줄어든다
닷새째 아침엔 일곱 마리만 살아 굴 딱지 위에 올라 얼굴을 매만지고 있다
까맣든 게 등은 희끄무레 바래졌다
가까이 가면 얼렁 숨는다

너를 왜 잡아 왔을까
'너가 좋아서'
너를 왜 잡아 왔을까
'나는 사람이니까'
살릴 수 있는 길은 고향에 놓아주는 길뿐인데

엿새 되는 날

다섯 마리만 살아 숨박꼭질한다
마지막 한 마리는 32일 만에 삶을 끝내다
꽈리 나무 밑에 수목장 했다.

가지찜 만들기

시어머님에게 배운 가지찜
오이 소베기 만들 듯 4절 낸 칼집에
고기 채 썰고 파 마늘 된장 고추장 양념으로 속을 채우고
바닥이 넓은 냄비에 가지 얹고 양념 그릇을 부신 물 두르고
은근한 불에 익힌다

'간이 맞아야 맛있지'
저승에 계신
시모님의 목소리가 귓가에 유현幽玄하다

주먹구구식으로 만들었지만
음! 간이 맞다 맞어
고개가 끄덕 끄덕 해진다.

연근을 다듬으며

뻘밭에서 나온 몸뚱이 진흙투성이다
흙을 씻어내고 감자칼로 긁어낸 속살이 우윳빛이다
동글동글하게 썰어보니 숭숭 뚫린 구멍과 마주친다
자잘한 바늘구멍도 총총히 눈에 박힌다
끈적한 흰 진액이 입술에 묻어온다
진흙 속에서 살아온 연의 비밀이 여기에 있었구나,
육안으로 보이는 신체의 구조가 예사롭지 않다
길게 연결된 잘룩잘룩한 허리와 넓적한 잎
비가 올 때나, 햇살이 쨍쨍 내리쬘 때
한 잎 꺾어 머리에 쓰면 오아시스가 부럽지 않았네

오늘, 산소의 집인 듯
물소리 바람 소리가 들리는 연근을 먹으며 폐활량을 키운다

연꽃
낮은 위치에서 근접하기 어려운 뻘밭에서
긴-날을 살아온 그대는 고행하는 聖者의 자화상이다.

풀꽃 2

바람결에 떨리는
풀꽃 위에 흰나비
흘러간 영화 속 한 장면이 떠오른다
나비를 쫓으며 잠시 행복했던 엘비라 마디간*
영화 속에 흐르는
모차르트의 피아노 협주곡 21번 2악장
명곡은 명화를 낳고
명화는 명곡을 더욱 빛내다
이룰 수 없는 사랑 이야기에 가슴 저몄던 젊은 날.

---

*엘비라 마디간 : 1967년 스웨덴의 영화. 실화 속의 여주인공.

8월을 보내며

8월은 오뚜기의 달
엎어져도 자빠져도 다시 일어서는
동그라미 2개의 태양이 붙어 가열하게 열을 뿜어
산과 들과 바다는 푸른 녹원의 천지다
그러다
중순이 지나면 뜨겁던 태양이 식어 바닷물도 차가워진다
인파로 붐비던 해수욕장은 설렁해져 한 여름날의 자취는 간 데없고, 바람이 쓰다듬고 지나간 백사장은 미인의 피부처럼 고요하다
안녕! 지난 여름날이여
젊은 태양이여 안녕.

천적

톱밥 속에 보관되어 온 꽃게 한 상자
박스를 여니 등 푸른 게 몇 마리가 톱니 이빨을 번쩍 들고 위협한다
싱싱하여 모두가, 무장한 상태라 조심조심했는데도 검지를 꽉 물렸겠다
칼등으로 두들겨도 풀지 않는다 이걸 죽여야 하다니, 마음이 복잡해진다

게의 천적이 문어라고,
왜 문어를 이기지 못할까
단단한 껍질과 날카로운 무기가 있는데
오히려 문어의 천적이 게라야 맞을 것 같다

흥
인간이 천적이지
오늘 기어이 살아있는 게 7마리를 간장 게장 담그고
5마리는 찌개 해 먹었다

인간을 '만물의 영장靈長'이라 했던가
인간이 포유류 중에서 가장 약하기에
신이 악惡을 불어넣어 주셨다.

호박 잎사귀 쌈밥

푹 찐 큰 잎 손바닥에 올리고
밥 한술에 멸치 강된장 찌개 얹고
입을 크게 벌리니 눈이 절로 감긴다
목구멍에서 목탁 치는 소리가 들린다

긴 여름날
시장기가 도는 저녁
호박잎 쌈밥 맛은 천하 별미다
그 옛날 부모 형제 모여 함께 먹었던
그 맛
향수鄕愁를 먹는다.

문득

 절간에서 채식만 하는 스님은 단백질을 무엇으로 메꿀까
콩?
 불교 신도님이 스님에게 특별 대접한다는 게 육식이라고
듣고, 보았다.
 아!
 신도님, 보시다 보시다

 조선시대 양반들은 자신은 육식을 즐기면서
 소를 잡는 사람을 백정이란 호칭을 붙여 천민의 명애를
씌웠다
 아무리 가난한 일반 백성도 백정 앞에서는 큰소리쳤다고
한다
 얼마나 서러운 일인가
 누구인들 큰 생명을 죽이고 해체하고 자신과 자손 대대
로 천대받고 싶었겠는가.

퇴원 전날

세브란스 병원 15층 입원실
허리 시술을 하고 3일 밤을 지나
내일이면 퇴원한다
환자들을 위한 넓은 휴게실
어둑해지는 시간
넓은 유리창 두 개에 쓰인 붉은 글씨
'배연창' '화재 발생 시 자동으로 열리는 창문입니다
화재 발생 시 외에는 개폐 작동을 금지합니다'
선뜻 낯설은 단어가 아찔하다
살고 싶은 욕망이 솟구친다

유리창 넘어 시야가 탁 트이는 오른쪽은 고층 아파트가 빽빽하고 왼쪽은 야트막한 야산들이 녹음으로 이어져 병원 뒤뜰까지 여름이 내려와 있다

낮에는 눈을 싱그럽게 해 주었고 초저녁 우거진 숲 속은 깊고 고요하다

아름다운 녹원의 계절
아프지 않으면 행복한 세상
기명색 노을이 넓게 퍼져 나간다
이윽고 어둠이 노을을 덮는다.

안녕 365일

새날을 위해 기도하자

내 삶이 마지막 잎새가 될 때까지

내 삶이 아직도 가지에 매여

흔들리고 있기에.

-「11월이 끝나는 날에」 중에서

3부

가을
이야기

아, 목동아

만추의 산울림으로 되돌아오는
테너 색소폰의 여운
까마득히 가버린 날을 추억한다

학창 시절의 음악 시간
풋내기의 자존심을 한껏 올려준
아, 목동아*는 신선한 충격이었다
그때부터 그 목동은 내 이상 속의 영원한 연인으로
자리 잡혀갔다
허밍으로도 부르며 성숙했다
헌책방에서 빌린 책을 밤새워 읽었다
……
아, 목동아
늘 목마르게 불러 봤지만
은발이 되어가는 지금까지도
그 목동은 나타나지 않았다.

---

*아 목동아 : 원제는 〈대니보이〉, 작곡가 미상, 아일랜드 민요,

맥문동 이야기

너는 어느 마을
동네 이름을 달고 있었구나
운명적으로 우리와 가까이 살고 있었네

삼복더위 지나
보라색 꽃대 쏘옥 올리다
잎이 한란을 닮은 기품이
꽃 빛깔과 모양이 이성적으로 생겨 마음이 차분해진다
낮은 자세로 무리진 풀꽃
웬만한 추위와 가뭄에도 끄떡없는 다년생 상록초이다

산들바람 불어
청구슬, 흑진주
다닥다닥 붙었구나
검은 열매와 덩어리진 흰 색깔의 튼튼한 뿌리를 식용으로 약용으로 쓰인다니 맥문동麥門冬이었네

사시사철
음양으로 고마운 풀꽃
꽃말도 겸손과 인내였구나.

무당거미 2

　상강霜降이 열흘이 지났는데도
　알록달록한 천연색의 살찐 무당거미 허공에 떠 있다 여는 때는 새끼 같은 숫거미가 어미 옆을 맴돌듯 두서너 마리씩 지키고 있었는데 수거미는 보이지 않는다
　아마도 배가 고파서 수거미를 잡아먹었나 보다
　수거미는 기꺼이 자신의 유전자를 품은 암거미에게 목숨을 바친 것이 틀림없다
　무당처럼 화려한 몸뚱이를 가진 그녀는
　며칠 전 64년 만에 찾아온 10월 한파에도 끄떡없이 살아 있었다
　밤 기온은 더욱 싸늘하다
　인간도 저체온으로 죽을 수 있는 온도다
　해마다 지켜본바 0도가 되기 전까지 집을 지킨다
　그리고는 보이지 않는다 다음 해 여름이 되어서야 무당거미 2세가 무수히 눈에 띈다

　무당거미야
　배가 아무리 고파도 한 입도 안되는 낭군님은 잡아먹지 말기를.

무당거미 3

입동 지나 초겨울로 접어드는 쌀쌀한 날
바람까지 불고 비도 휘뿌렸다
외출하고 귀가하는 길이다
무당거미 안부가 궁금해서 산책길을 택했다
놀랍게도 무당거미는 집을 지키고 있었다
아침 기온이 영상 4도
밤이면 체감 온도가 영도에 가까웠을 것이다
옷도 입지 않고 벌거벗은 이 절지동물의 강인함이 경이롭다

아니다
몸뚱이를 두른 비단 무늬가 추울수록 발열하는가 보다
神을 업고 춤을 춘 무당의 옷이었으니까.

무화과 無花果

성경에 자주 나오는 무화과는
이스라엘의 멸망과 이 천년만의 건국을 예언한 예수님의 과실수다 아담과 이브가 무화과를 먹고 발가벗은 자신의 알몸을 보게 되었고 부끄러워 무화과잎으로 앞을 가렸다 꽃도 피우지 않고 열매를 맺어 무화과라고 이름 붙여졌다

실은 세상에 無花果는 없다
열매 안쪽에 꽃을 피워 좀벌을 불러들이고
아무도 모르게 완전한 과일로 커 간다

성녀 마리아도 같은 이치가 아니었을까
동정녀의 몸으로 예수가 잉태되었다는 것
생물학적으로 있을 수 없는 일이다
예수를 神의 아들로 만들기 위한 인간의 비밀스러운 각본이 아니었을까

사막 속의 유대민족에겐 무화과는 꿀이 흐르는 복주머니였다
팅팅 부른 젊은 엄마의 젖꼭지 같기도 하고
반으로 쪼개니

붉은 과육이 이글거리듯 꽉 차 있다
달콤하고 말랑말랑해서 저세상에 계신 어머님 생각이 난다.

벚나무

　추분을 지난 지 며칠이 된다
　허리 굽혀펴기 기기 위에서 하늘을 본다
　벚나무 잎사귀마다 바늘구멍이 뽕뽕 뚫려 나의 우주가 은하로 반짝인다

　봄 여름 가을을
　비바람이 쉬어가고
　벌레가 쉬어가고
　달님이 쉬어가고
　별님이 쉬어가고
　해님이 쉬어가고
　푸르던 잎새는 성한 것 하나 없어도 알록달록 천연색 되어 아름답다

　봄과 여름 가을을 거치면서 꽃과 열매와 잎을 계절 속에 다 내어주고 앙상해진 맨몸으로 겨울 햇살을 받으며 돌아올 새봄을 위해 뿌리로 영양을 비축한다
　일찍이 잎을 날리고, 나무 아래 그늘졌던 작은 식물에게도 빛의 은혜를 나누어 준다

벚나무가 없다면 얼마나 쓸쓸할까

 내 젊은 날의 낭만도 꽃그늘 아래서, 숲 그늘 아래서, 단풍잎을 밟으며 즐기었지.

동그라미 속에서 산다

해와 달과 별
지구도 모두가 동그라미
그 속의 모든 생명체도 동그라미
우리의 생각도 원 속에서 살아간다
행복도 시련 속에서 둥글어진다

동그라미의 씨앗은 작은 점이다
인류의 역사도 점에서 시작된다

우리의 인생
점에서 시작하여 점으로 끝난다.

가로수 은행나무

샛노란 나비 떼가
꽃잎처럼 내려앉는다
서늘한 포도 위 바닥에

누워있는 나비를 밟는다
발끝에서 전해오는
나비의 꿈 노래가 들린다

이 길 위에서
후회 없이 사랑하다
샛노랗게 病들었다고.

아~아~아

목욕탕에 앉아 솔베지*의 노래를 듣는다
노래의 후반부에
아~아~아~아~아~
긴 기다림과 재회의 환희가
영혼을 울리는 이 표현력보다 더 진한 언어가 있을까
노래의 절정에 나오는 아~는 언어상 표현할 수 없는 진한 의미가 담겨져 있다
성악이나 대중가요에 이르기까지 가장 고전적인 표현으로 작곡가들은 그 고전을 놓치지 않는다
그러나 現代 詩에서
아~를 붙였다간 고루한 감탄사라 촌스럽다고들 한다
촌스러운것이 고전의 참모습이 아니었던가
이것이 현대인들이 말하는 클래식이라고 하는 진솔의 모습이거늘, 내가 소녀적에 읽었던 옛 시인의 시들이 아~라는 감탄사가 많았다 그 감탄사에 취해서 나도 시인이 된게 아니었을까
어쩌면 문학의 꽃이라는 詩가 음악보다도 더 화려하고 유행을 타는 장르일지도 모른다
아니면 변천이라 붙여 본다.

---

*솔베이지: 노르웨이의 작가 입센의 극시를 그리그가 작곡한 페르귄트에 나오는 여자 주인공.

나는 아무래도 시를 써야겠구나

흔들리지 않으면 혼이 나간 게지
달리*의 기억의 지속
나뭇가지에 걸쳐진 널어진 시계
이전에 흔들림이 있었기에 정지된 고요가 긴 여운을 준다
動과 靜은 어쩌면 삶과 죽음을 의미한다
내가 다시 시를 쓴다는 것은 진정 내가 살아 있음이다
시가 없으면 우울하다
오늘 산책길 언덕에서 바라본
바람에 흔들리는 하얀 풀꽃의 아름다움을
먹먹한 머릿속을 관통하는 바람, 바람이 있었기에
나는 아무래도 시를 써야겠구나.

---
* 달리 : Salvador Dali(1904~1989), 스페인 초현실주의 화가.

밤 한 톨 줍고 싶어

　외출에서 귀갓길, 아파트 후문을 경유하는 마을버스를 타고 내렸다.
　우정, 긴 언덕길을 택했다
　우리 아파트의 둘레 길엔 군데군데 밤나무가 있다
　추석 며칠 전부터 밤나무 아래는 푸른 밤송이, 갈색 밤송이 껍질이 수북하다. 절로 익어 툭툭 떨어지는 윤기 도는 밤을 주워봤으면, 아~ 가을인가!! 하고 감탄할텐데, 나쁜 사람들, 아파트 둘레 길에 심어진 밤나무는 어느 한두 사람의 것이 아닌 주민 모두의 것이다. 주민 몰래 장대로 꺾어 내린 밤송이를 양발로 뭉개어 알밤을 훔쳐 갔고 빈 껍데기가 널브러져 있다. 배고프던 시절, 60년대도 아니다. 아직도 유치한 욕심이 부끄러움을 모른다
　오히려 자연은 부지런한 자의 몫이라고 의기양양했을 것이다
　혹여 한 톨 남겼나 하고 살펴보아도 쭉정이뿐이다. 하기사 나랏돈을 크게 축내고도 금배지를 달고 큰소리치는 정치 모리배가 많은데 이게 무슨 대수냐 하면 할 말이 없지, 할 말이 없지.

우면산 등산

낙엽이 계곡을 메운
만추의 우면산

마른 잎이
온 산을 덮어 길이 보이질 않았다
그래도
더듬으며 정상에 올라
초겨울의 추위를
뜨거운 커피로 두런두런 목을 데우고

우리 일행은
길잡이를 따라
좁은 계곡을 미끄러지듯
낙엽 속을 헤엄치며 하산 하였다

참으로
모처럼 가져본 만추의 희열
좋은 친구들과
수제비 칼국수가 어찌 그리도 맛있었던지.

아코디언을 연주하는 남자

낙엽 지는 가을날
산책길 공터에서 아코디언을 연주하는 70대 후반의 남자
어제 이어 오늘 또 나타났다
우리 아파트가 명품이 되려나
오빠 생각, 반달, 과수원 길, 잊혀진 계절, 귀에 익은 샹송과 칸초네도-

눈도 귀도 없는 사람처럼
민망할 정도로 오가는 사람들은 무관심이다
이런 때 외국의 어느 영상처럼 사람들이 많이 모여 관심을 보여줬으면 좋으련만, 모자를 벗어놓고 구걸하는 것도 아닌 우리 동네 아저씨다

걸음을 멈추고 가까이 간 관객은 나 혼자뿐이다
내가 끼가 있는 여자인가
아니다
모두가 감성이 막혀.

가을이 깊어가네

하늘은 왜 저리도 서럽도록 푸른가 그리고는
더 이상의 표현이 생각나지 않는다
이미 유명 詩人들이 다 써먹어서 이삭조차 낯설지 않다

 구르몽, 베르레느, 발레리. 레나우, 릴켈, 헤세
옛 시인의 시구를 떠올리며
우울하면 길을 걷자
살갑게 느껴지는 늦가을 햇살을 온몸으로 받는다

유리알처럼 맑은 하늘도 좋고
근심스런 회색 구름도 좋다
나뭇가지를 애무하며 지나는 바람 소리와
길 위에서 서걱이며 맴도는 마른잎 소리는
세상의 어떤 음악보다도 선善한 인간을 만든다.

11월이 끝나는 날에

달랑 한 장
벽에 붙은 달력은
오 헨리*의 마지막 잎새
병든 여인을 위해 밤새워
자신의 목숨과 바꾼 늙은 무명 화가의 벽화
세찬 겨울바람에도 떨어지지 않을 터
12월이 끝나는 날엔
우리는 마지막 잎새를 떼어 내야 한다

안녕 365일
새날을 위해 기도하자
내 삶이 마지막 잎새가 될 때까지
내 삶이 아직도 가지에 매여
흔들리고 있기에.

---

*오 헨리 : O, Henry (1862~1910). 미국의 단편 소설가.

시인은 선이다

인간을 선으로 이끄는

무거운 짐을 진 철학을 갖게 된다.

-「시인이란」중에서

4부

겨울
이야기

스타벅스와 사이렌

지그시
정신을 자극하는 검은 카페인의 향기
스타벅스 찻집 창가에 앉아서
손에 든 따뜻한 컵을 찬찬히 본다
왕관을 쓴 머리 긴 여인

사이렌*
그녀의 아름다운 노랫소리에 홀려
물귀신이 되었던 뱃사람들
신화 속의 그녀는 이제 불새가 되고
커피 향으로 변신하여 세상 사람을 유혹한다

사이렌
스타벅스는 왜 이 여인을 상호의 상징으로 삼았을까
신화는 죽지 않고 영원하기에-
쫓기듯 지쳐있는 현대인은 긴장의 끈을 조절하고
초자연적인 신화 속에서 삶을 음미한다

사이렌

쭈볏한 울림

그녀의 이름을 경보음으로 사용한 지도 오래다

그녀는 지금 우리의 연인처럼 곁에 와 있다.

---
*사이렌 : 그리스 신화의 반인반조(半人半鳥)의 바다속 요정.

마스크 1

숨이 차다
모자까지 눌러쓰니 내가 아니다
불편한 것만큼 행동이 자유로워지는 것은 무슨 까닭일까
아무도 모를 꺼야, 내가 미인이 아니라는 것도
학창 시절
가장행렬 속에 내 던져진 자신의 모습처럼 자유롭다
그때
반세기 전엔 내 젊음도 반짝였으니까
이제 鄕愁를 먹고 살지
마스크는 가면의 사촌
화장술로 위장하지 않아도 젊음을 되찾은 기분이다.
이탈리아와 스페인에서는 우한 폐렴으로 많이 죽었다
붉은 태양을 향해
오 솔레미오를 부르고
목숨을 걸고 투우를 즐기는
라틴 민족의 열정적인 정서가
마스크를 허락하지 않았나 보다.

마스크 2

감기 예방에 이만한 게 또 있을까
마스크를 쓰기 전엔
해마다 한 번씩 감기를 심하게 앓았다
기침, 눈물 콧물로
큰 병이 아닌가 싶어 여러 병원을 전전하기도 했다
어쭙잖게 여겼던 감기가 삶의 질을 흩트렸어
마스크가 감기를 막아줄 줄이야

코로나 땡큐
오늘도 화장기 없는 민낯에 마스크를 쓰고 외출한다
어쩌다 젊어진 기분에 좀도둑처럼 히히 웃음이 나온다.

잃어버린 일상

날개가 있어도 날 수 없다
한정된 공간에서 제자리걸음만 할뿐
문명의 이기를 애써 외면한다
친구들과 이마를 맞대고
정겨운 대화를 언제 다시 나눠볼까

코로나19
우한에서 날아온 바이러스
보이지도 잡히지도 않는 미세한 생명체가
위대한 인간을 공격한다
사람과 사람으로 소리 없이 전염되어
귀한 생명이 수천 명 수만 명이 죽어간다
맹수보다도 무서운 바이러스 앞에
우리의 방패는 고작 마스크뿐
나약한 인간의 한계를 본다

코로나19
태양을 닮았다고
어원이 왕관이었네

누가 이 바이러스에게 거창한 이름을 붙였을까
고마운 태양에게 인간을 죽이라는 허락이라도 받았나
우리는 물리적으로 저항할 수도, 기도만 할 수도 없는 현실
온 세상천지를 몰아치는 이 비극도 자연이라 간주해야 하나.

코감기

마스크 속에서 흘러내린 묽은 액체가 쩝절하다
바다가 연상된다
바닷물이 짠 이유를 알 듯하다
지구상의 모든 동물이 소금기를 갖고 있기에
쩝절한 액체가 바다로 흘러 들어간 게지
수억 년 전부터 오늘에 이르기까지
이 땅의 무수한 생명체가 짠 바닷물을 만드는데 일조했을 게다
아니면
생명의 원천이라는 바다
인간도 짐승도 바다에서 태어나서 원초적 염분을 분배 받은 게다
 그리고는 조금씩 조금씩 생명의 염분을 갚으면서 살다, 사라지는 것이다

쉼 없이 출렁이는 살아있는 바다
그곳이 우리의 고향이다.

나이아가라 폭포

숨차게
달려와 떨어지는 폭포수
어느 여신의 은빛 치마폭인가
떨어진 몸뚱이 얼얼이 부서져
느리게 느리게 아파하며 맴돈다
나이아가라 폭포
살아생전에 가봐야 한다고
6박7일 간의 토론토 관광
무거운 짐 가방을 들어준
친절한 키 큰 캐나디안
복지국가인 캐나다 사람은 역동적인 미국인보다 느긋하고 여유롭다
그러나 나라를 위해 희생한 전쟁영웅은 마을마다 비석에 새겨져 있었다
6.25 한국전쟁 영웅도 거기에 있었다.

바람 소리 2

위 잉~
귀와 귀를 관통 한다

짜릿한 희열이
온몸을 감아 돌고
좀더 불새의 춤이
내 곁에 머물기를 바란다

너는 나에게
나는 너에게
끊임없이 뭐라고 말하는데
정녕 그 뜻은 알 수 없구나

바람 바람
이토록 너가 좋은 까닭은
아직도 내 열정이 살아 있음이지

산책길 고갯마루
갈참나무 숲이
우~우~ 소리 내며 대답한다.

바람 소리 3

윙~ 위~잉
예리한 휘파람 소리
막힌 바늘귀를 뚫고
굳어진 뇌세포의 혈을 풀어준다

시인 서정주는
'나를 키우는 것 또한 8할이 바람이다'라고 했다
시인과 바람 내 문학의 바탕도 바람이 아니었을까
보이지도 잡히지도 않지만
청각으로 촉감으로
그 울림은 잠자던 영혼까지 일깨운다

하지만
내 바람의 詩는 잡히지 않는
아득한 허공에서 떠돌 뿐
아무리 용을 써도
한 편의 詩도 마음에 들지 않아 오늘도 허탕을 친다.

화

 성냄은 감정의 표현이다
살아있는 생명체는 자신을 방어하는 수당으로
본능적으로 화를 낸다
화는 필연이며 철학이다

모든 생명체는 운명과 부대낀다
운명이란 비극만이 아니다
하늘이 천둥번개로 폭우를 쏟아내고
폭풍우로 바다가 요동쳐야 정화되고 새 생명이 힘을 얻듯

화火는 태양이다
생명의 쟁탈권을 쥔 하느님이시지
'폭풍우 지난 후 너 더욱 찬란해'
이태리의 가곡인 오! 쏠레미오가 떠오른다

눈 2

평평
쏟아지는 눈 속을 걷는다
가슴은 환희의 송가*처럼 뜨거워진다
가자
어디든 발길이 닿는 대로
지구의 땅끝이라도 좋겠다

천지를 하얗게 덮고 있는 눈
시끄먼 건초더미와 겨울나무들
때 묻은 인간의 마음까지 정화되어
갓난아가의 울음처럼 순수해진다
축복이 내리듯 아름다운 세상
쌓인 눈
차가운 촉감이 짜릿한 전율로 다가와
정신은 더욱 맑고 또렷하다
눈은 感性의 꽃이고, 理性의 꽃이기도 하다.

---
* 환희의 송가 : 베토벤의 교향곡 9번 합창 4악장.

시인詩人이란

자연에서 혼을 찾아 글을 쓰는 사람이다
마음에서 혼을 찾아 글을 짓는 생명체다
일상에서 혼을 찾아 역사를 기록하는 인간이다

자연에
마음에
일상에
살아있는 영혼의 그림을 그린다

시인
사람 인人자를 얻은 것은 공짜가 아니다
그래서
시인은 선이다
인간을 선으로 이끄는
무거운 짐을 진 철학을 갖게 된다.

마취가 풀리면서

아파!
아파!
카톡 소리다

902동 961호
딸 입원 병실
옆 침대의 70대 여인
어깨 회전근개 파열 수술
40대 딸
부서진 팔뼈와
파열된 인대 수술

통증을 호소하는
카톡!
카톡!
비명 소리가 지옥이다.

팔자와 운명

팔자와 운명은
이미 숙명적으로 정해진 길
비슷한 의미를 내포하고 있다

팔자는 무녀도*가 연상되는
샤머니즘적인 토속 냄새가 나고
운명이란 진보된 이성적 언어로
비극적인 햄릿** 냄새가 난다

팔자는 동양적인 언어로
카멜레온의 변신이 들어 있고
운명은 서구적인 언어로
부동의 각인이 박히다

베토벤의 '운명 교향곡'을
팔자 교향곡이라 말할 수는 없겠지

인생에서 예고 없이 다가오는 불행을
어찌할 수 없기에

사람들은 팔자니 운명이니
자위하며 긍정하며 살아간다.

---
* 무녀도 : 김동리의 단편소설.
** 햄릿 : 셰익스피어의 4대 비극 중 백미.

한파 속에서도

하늘이 유리알처럼 파란 겨울날엔
한파라는 칼 추위다
바람이 없어도 모든 물체를 조용히 조여 얼어 붙인다

산책로 마을 뒷길을 오른다

그 추위에도 어디선가
멧비둘기가
뚜 뚜 뚜뚜 낮게 노래하고
직박새가 서로 다정하게 주절거린다
마른 검불 속에서
작은 멧새들도 비비적거린다

나무 보호 철망 사이로
녹색 꽃다지가 융단처럼 곱다
입춘이 며칠 남지 않았구나

겨울 해는 짧아
오후 2시를 지났는데 해가 서쪽에 기울어졌다
그래도 한 땀 한 땀 길어지는 햇살이기에 마음은 벌써 봄이다.

행복한 오후

문우 다섯 명의
카페 휴식 시간
투명한 글라스 속의
청포도 케일 주스는 푸른 환상곡이다

한겨울에
처음 먹어보는 푸른 주스
굵은 다이아몬드 얼음 덩이에
빨간색 긴 빨대로 휘휘 저으며
이열치열 문학의 향기를 마신다

ㅎㅎㅎㅎㅎ
시어 하나를 붙잡고
보석 같은 시간 속에 문우애를 접목시켜
우리는 파아란 낭만의 날로 돌아간다.

좋은 것과 나쁜 것
플러스 마이너스
마이너스 플러스
이것이 인생이고 속도의 정의다.

-「속도의 정의」 중에서

5부

그리고
삶

속도의 정의

손바닥이
상대편의 얼굴에
번개같이 내리 닿으면 폭행이요
손이
상대편의 얼굴에
천천히 느리게 닿으면 애무다

사랑과 미움은 타이밍이다
그때를 맞추지 못하면
사랑도 미움도 비껴간다

좋은 것과 나쁜 것
플러스마이너스
마이너스 플러스
이것이 인생이고 속도의 정의다.

구름 위에 하늘

시카고 미술관 벽에 걸려있는
'구름 위에 하늘'은
미국 여류 화가 조지아 오키프*의 대형 작품이다
타원형의 구름 덩이가
짙푸른 하늘 바다에 잠겨있다

비행기를 타 보라
구름 위의 하늘이 멀고 높은 것을
음속으로 솟구친 내가 구름 하늘을 뚫었다

거기엔
쪽빛 하늘에 빛나는 태양과
밤이면 달과 별의 맨얼굴이 보인다
아득한 그곳에서
갓난아가의 울음소리가 들린다.

---

*조지아 오키프 : Georgia o'keeffe(1887~1986), 미국 여류 화가.

아귀와의 인연

 아귀는 어릴 때 아버지가 잘 사 오셨던 생선이다
 아귀는 서민들의 생선으로 물을 은근히 부어 국을 끓여, 온 식구가 둘러앉아 퍼먹었다. 아버지는 시원하다 하시며 맛있어 했지만 나는 별로였다
 아귀는 이름처럼 귀신같이 생겼거든
 거뭇한 피부에 땀을 뻘뻘 흘리며 노려보는 작은 눈과 뭐든지 삼킬 것 같은 큰 입, 어릴 때 시골에서 도회로 나온 나는 장터 어물전에 서서, 커다란 아귀의 불룩한 뱃속에서 손바닥만한 가자미가 여러 마리 나오는 것을 다리가 아프도록 서서 보고 또 보았다
 아귀는 버릴 것이 없다
 혀끝에 감기는 지느러미와 껍질도 보드랍다
 꾸득꾸득 말려서 찜을 하면 짭조름했던 엄마의 손맛을 잊을 수 없다 습생은 바다 밑 모래 속에 숨어 자신의 정체를 머리 위에 달린 미끼의 깃발로 위장하여 가까이 오는 가자미를 잡는다 근래에 와서 기름진 음식에 식상하여 담백한 맛의 아귀탕과 아귀찜으로 몸값이 오른 것은 다행한 일이다

그때, 아버지의 나이만큼 세상을 살고 보니 아귀가 맛있는 생선이라는 것을 비로소 깨닫는다 이제 덩치 큰 아귀를 남편이 심심치 않게 사 온다.

건망증

한참 일하는 중에 좋은 글감이 떠올라
'흔히 생각할 수 있는 글감이라 나중에도 떠올릴 수 있어'
자신했다
아니었다
통째로 날아가서 무슨 생각을 했는지조차도 떠오르지 않는다

유성의 자취처럼 머릿속에 각인 됐으면 꼬리라도 붙잡지
그때그때 메모를 해야 했어
생각의 핵심, 몇 자라도 적어뒀으면
식탁에 둔 메모장이 어디로 도망갔는지 번번이 알 길이 없네

옳다
망각이 없다면 내 뇌는 폭발했을 거다
봄 여름 가을 겨울을
수없이 윤회하며 살아온 내 정신은 지극히 정상이었어
더러는 잊고, 쉬어 가라고
神이 정교하게 잘 만든 것이 틀림없다.

웬수야

한때
죽도록 사랑했다는 사랑의 역설이다
아니,
지금도 껌딱지처럼 들러붙어
뗄래야 뗄 수 없는 운명의 내 편이다

쌓인 세월 속에서 부화한
애증 어린 독설은
화학적 변화가 아니라 물리적 변화일 뿐이다
웬수야!
이 변질된 언어 속에 아픈 사랑이 배어 있다.

청어구이

뱃속이 알로 꽉 찼다
뱃속이 곤으로 꽉 찼다
온 몸뚱이가 2세를 위해서 살았나보다

지금쯤
어느 바닷속 돌 틈이나 수초에
그 많은 아기를
해산하는 희열을 누릴 것을

생명이 있어
살아간다는 것
인간이나 짐승이나 미물에게도
2세를 위해 고행의 길을 걸었다
죽어도 죽지 않는 뿌리에서 왔기에
죽어도 죽지 않는 2세가 있기에

하지만 하지만
청어야
오늘 우리집 식탁의 먹잇감이 되었구나.

콩나물

삼베 천으로 덮어둔
콩나물시루
빼꼭히 들어찬 콩나물
물 흐르는 소리

시루에 물을 줄 때면
쏠미미(나비야)
파레레(나비야)
도레미파 쏠쏠쏠(이리날라 오느라)

음의 계음을 창조한 이탈리아의 아무개가
오선지에 콩나물을 그리게 된 건 신의 계시라면
우리 조상이 먼저 그 영감으로 콩나물을 키웠다

케이팝이니 아이돌이니
다 콩나물이 없었다면
불가능했을 우리의 음계다.

세상 살고보니

　이것저것 저것이것 다양한 색깔의 약을 목구멍으로 넘긴다

　모두가 아침 복용이란다 함께 먹으면 독이 될지 약이 될지 의심스럽지만 어쩔 수 없다 구석구석 제자리로 스며들어 제 역할을 하겠지 둥지에서 가지까지 빨간불이 켜진 지 여러 해다 보이지 않는 神보다도 의사를 믿는다 아픈 곳을 치료해 주니 나는 의사가 神이라고 생각될 때가 있다

　오래전에 세상 떠난 언니도 오빠도 한 움큼씩 약을 복용하는 모습에 웃었다 세월 지나고 보니 나도 별수 없네 큰오빠는 지팡이를 사놓고 자신은 지팡이를 짚지 않는다고 기염을 토했다 그러든 오빠는 지팡이를 한 번도 짚어보지 못하고 중환자실에서 세상을 떠났다 일흔을 겨우 넘긴 나이에. 너와 통화하면 아픈 곳이 없다든 언니도 가셨다. 10여 년이 흘렀다 나는 양손에 균형을 맞추려 등산용 지팡이를 짚고 산책길을 걷는다.

산수유 열매

산수유
열매는 꽃보다 예쁘다

이른 봄엔
샛노란 꽃으로 새봄을 단장하고
한 여름엔
청구슬 푸른 잎새 속에 숨기고
가을엔
샛빨간 열매로 마른나무 가지를 치장하네

나두야
샛빨간 루비 따다
귀걸이 목걸이 손가락에 붙여볼까.

네 개의 사과

아담과 이브의 사과
이브는 에덴동산의 금기 사과를 따서 아담과 함께 먹었다 그리고 서로 사랑의 감정을 갖게 된다

뉴턴의 사과
사과나무 아래에서 떨어지는 사과를 보고 만유인력을 발견했다. 만유인력의 발견은 물리학의 초석이 되었다

윌리엄 텔의 사과
아들의 머리 위에 있는 사과를 화살로 쏘아 떨어뜨리다, 부패한 권력 앞에 항거한 윌리엄 텔의 활 솜씨, 로시니*의 마지막 작품 윌리엄 텔 서곡은 모든 것을 말해 준다

잡스의 사과
근세에 와서 이빨로 한입 깨문 스티브 잡스의 사과다 그는 IT로 세상을 바꿔 놓았다 깨물어야 역사가 시작된다는 사실을 잡스는 아담과 이브의 사과에서 퍼 왔을 게다 원죄로 회귀하다 그 원죄는 하느님이 인류의 번영을 위함이었다

따먹다, 떨어지다, 쏘다, 깨물다

모두가 동적인 진행형이다

현대인은 이 4개의 사과로 철학을 논하다.

---
*로시니 : Gioacchino Rossini(1792~1868). 이탈리아 오페라 작곡가.

귀신이 무슨 힘이 있다고

조상의 제사상 앞에서
무덤 앞에서
경건하게 절하고 묵념하고
고인과 함께했던 지난날을 추억한다

좀 더 살뜰하게 잘해 드릴걸

후회도 참회도 잠시
각자 자신의 소원을 빈다
살아생전에
효자도 불효자도 한마음이다

귀신이 있는지 없는지
본 사람은 없지만
그 시간
그 장소에는 존재하고 있었다

귀신이 무슨 힘이 있다고
아니다
한마음으로 묶어 한자리에 모일 수 있는
귀신의 힘은 위대하다.

그래島

그래도는
'유토피아*'라는 섬이다
꽃이 피고 새가 노래하는 그곳
내 힘이
진하여
아주 할 수 없는 날에도
그래도는 살아있다
내가
아주 할 수 없는 날에도
헐떡이며 한 걸음 한 걸음씩 다가가야 할 마지막 땅이다.

---
*유토피아(Utopia) : 영어로 실제 존재하지 않는 완벽하고 아름다운 나라.

종착역

기적이 운다
먼 데서 가까이로
어둠을 뚫고 숨가쁘게 달려온 철마는
삶의 표적이다

치걱 치걱
치걱 치걱 치걱

꿈도 좌절도 뒤섞여 버린

치걱 치걱
치걱 치걱　치걱
푸-우

인생의 짐만큼 무거운 철마는
긴 한숨을 뱉어낸다.

취팔러마

중국 음식점 상호 이름이다
취팔러마
얼핏 들으면 거칠게 내뱉는 쌍스러운 욕이다
그러나 정반대로
중국인들이 많이 쓰는 친절한 인사말이다
우리의 혀와 귀는 어느새
헝클어진 이념의 갈래 속에서 거칠게 오염되었다
마음에 안 드는 상대에게 쌍욕을 해야 속이 시원해진다
정치 유튜버들의
쌍욕의 농도가 진할수록 인기가 올라가는 것이 증거다
이제 쌍욕이 일상화되어 모두가 얼굴이 두꺼워졌다
취팔러마
우리 말이 아니라도
정겨운 이 말의 뜻만은 기억해 두자
너 밥 먹었니
식사 하셨어요
취팔러마
이 상호를 달기 전엔 두 번씩이나 망해 먹은 빨간 머리 남자
주인은 무명 연예인이다
상호에 웃고 가격에 웃고 맛에 웃으니 고객이 문전성시를 이룬다.

회색 인간

희지도 검지도 않는 회색은
지성인이 즐겨 입는 의상이다
사람들은 '회색 인간'이라 비하 함은 무엇일까
우리의 옛 성현들은 중용을 으뜸으로 매겼다
튀지도 처지지도 말자
모자라지도 넘치지도 말자
도덕군자가 외치는 절대적인 안정이다

소속이 어정쩡한 회색 인간은
기회주의자
이기주의자
보신주의자

회색 인간
미지근한 물과 같아
개성적인 현대인은 싫다고도 한다
뜨겁든지 차갑든지
희던지 검던지 분명한 것을 요구한다

하지만

거친 바람 앞에 안정된 위치

실제로 중간을 선호하는 것은 모든 동물들의 본능인걸

인간도 동물 중에 동물일 뿐이다.

불사조

전설 속의 불사조는 엄마란 이름이다
그때, 지금의 나처럼
꾸부정한 허리로 밥 짓던 엄마를
나는 불사조로 착각했다

지금 내 자식들도 나를 그렇게 생각하고 있는 눈치다

그때의 나처럼
지금의 내 자식들에게도 엄마의 또 다른 이름이 불사조인 까닭은, 내 엄마가 세상을 떠난지 반세기가 다 되도록 내 마음속엔 생생히 살아 있기에 엄마는 불사조다.

바람 소리 4

우우우우우
창밖의 바람 소리
운명적인 연인을 만난 듯
졸음이 단번에 사라진다
컴퓨터 자판기 앞에서
바람의 소리를 더듬는다

야성의 바람 소리

젊은 피가 솟아올라
그가 나를 다시
유혹하기를 기다린다
그러나
뇌리를 자극하던 그 바람은 오지 않았다.
그냥 바람이었다

장의순 詩의 총괄적인 주제 의식은 끊임없이 비상을 꿈꾸는
한 마리 새의 혼신이라고 말할 수 있다.

-「작품해설」중에서

작품해설 | 무엇으로
어떻게
걸어 왔을까

지연희

| 작품해설 |

무엇으로 어떻게 걸어 왔을까

지연희 (시인, 수필가, 前한국여성문학인회 이사장)

우리의 귀는 일정한 간격으로 되풀이되는 강세의 존재를 인식하고 그 패턴이 지니는 변화도 인식함으로써 만족함을 얻는다. 그 패턴이 리듬 체계 속에서 가능한 조합들 중 어떤 형태로 빚어지든 시는 산문에서 보다 훨씬 균일한 반복의 규칙성이 이뤄지게 됨을 발견하게 된다. 시의 음악적 구도에서 느끼는 리듬의 환희는 아름다운 한 곡의 음악이라고 언급하게 된다. 장의순 시인은 음악을 시 못지않게 좋아하는 사람이다. 좋아함을 넘어서 유창한 음성으로 노래를 부를 때는 손색없는 가인이라고 생각한다. 시인이 아니었다면 어쩌면 가수가 되었을지 모른다. 시를 짓거나 노래를 부르는 과정이 모두 예술인의 여력이어서 시인의 문학과 음악은 아름다운 하모니를 지니게 된다.

꽃잎이 흐른다
세월처럼

땅 위에 떨어진 꽃잎
희지도 붉지도 않아
더 정감이 가네

그러나
바람 불어
우리의 인생처럼 밀려다닌다

꽃잎이 흐르니
낸들 어찌 머물 수 있으랴
내년에도 후년에도 이 길을 걸을 수 있을까
     - 시 「벚꽃이 지던 날」 전문

부딪쳐야 새로운 길이 열린다
나는 수십 년을 흰 면 빨랫감은 반드시 삶았다
도톰한 면양말과 수건과 속옷까지 양은 찜통 한가득 삶아
두 번씩 세탁한 셈이다

이제 힘이 벽에 부딪혀 그냥 햇볕에 여러 날을 말려보니
새하얗게 바래진다
그간 많은 시간을 낭비 하였다

| 작 품 해 설 |

    그 시간에 책을 읽었다면, 시를 썼다면
    햇빛이 해결하지 못 한 일이 있었던가
    내 푸르던 젊음도 햇빛이 하얗게 바래 먹었지
    벽에 부딪힌 마지막 에너지가 밝혀낸 지혜가 내 손을 돕는다
    괜스레 가루비누를 처넣어 이글 거리는 불 위에 올려놓고
    삶고 삶아서 고무줄이 터지고, 끝내 바다 속까지 오염시킬 이유가 없었다는 것을 이제사 깨닫는다
    아주 할 수 없는 날의 반동이다
                             -시「벽」전문

  시 「벚꽃이 지던 날」은 꽃잎 떨어져 대지에 흐르는 세월의 흐름을 시간과 함께 조명하고 있다. 삶의 질서는 피고 지는 순리를 답습하고 있어 벚꽃이 지고 벚꽃이 피는 계절의 흐름을 따르게 된다. '꽃잎이 흐른다/ 세월처럼// 땅 위에 떨어진 꽃잎/ 희지도 붉지도 않아/ 더 정감이 가네// 그러나/ 바람 불어/ 우리의 인생처럼 밀려다닌다// 꽃잎이 흐르니/ 낸들 어찌 머물 수 있으랴/ 내년에도 후년에도 이 길을 걸을 수 있을까' 예측할 수 없는 시간의 흐름을 가늠하고 있다. 꽃이 지던 날은 광활한 벌판에 나뒹구는 생명의 소멸은 안타까운 일이 아닐 수 없다.

  '부딪쳐야 새로운 길이 열린다'는 앞이 보이지 않는 「벽」

으로 의미를 제시한 이 시는 화려한 젊음의 시절이 지나고 감당할 수 없는 세월의 벽 앞에서 전전긍긍하는 시인의 절규를 만나게 된다. '나는 수십 년을 흰 면 빨랫감은 반드시 삶았다/ 도톰한 면양말과 수건과 속옷까지 양은 찜통 한가득 삶아/ 두 번씩 세탁한 셈이다// 이제 힘이 벽에 부딪혀 그냥 햇볕에 여러 날을 말려보니/ 새하얗게 바래진다/ 시를 썼다면/ 햇빛이 해결하지 못 한 일이 있었던가/ 내 푸르던 젊음도 햇빛이 하얗게 바래 먹었지' 젊음의 시절이 지나 나이 들어 무엇 하나 쉽게 할 수 없는 벽에 부딪힌 상실되어진 현실을 겸허히 들려주고 있다.

    가스대 위에
    음식 냄비를 올려놓고
    바로 옆에서 설거지를 하다

    타는 냄새가 진동할 때
    "이크 몽땅 타 버렸네"

    후각은 서서히
    그리고 빠르게 냄새에 익숙해진다
    세상만사 익숙해질 때 낭패가 기다리는 걸 모른다.
                      – 시「냄비 속 개구리」전문

| 작 품 해 설 |

    시어머님에게 배운 가지찜
    오이 소베기 만들 듯 4절 낸 칼집에
    고기 채 썰고 파 마늘 된장 고추장 양념으로 속을 채우고
    바닥이 넓은 냄비에 가지 얹고 양념 그릇을 부신 물 두르고
은근한 불에 익힌다

    '간이 맞아야 맛있지'
    저승에 계신
    시모님의 목소리가 귓가에 유현幽玄하다

    주먹구구식으로 만들었지만
    음! 간이 맞다 맞어
    고개가 끄덕 끄덕 해진다.
            - 시「가지찜 만들기」전문

「냄비 속 개구리」의 시는 해학적 담론을 담고 있다. 개구리가 뜨거운 냄비 속에서 팔딱팔딱 뛰고 있는 그림이 그려지기도 하고 냄비 속 음식을 탐하느라 불 길도 보지 못한다. 음식 냄비를 가스대에 올려놓고 설거지를 하는데 타는 냄새가 진동할 때서야 몽땅 타버린 음식을 발견하게 된 화자와 다름이 없는 개구리가 아닌가 싶다. '후각은 서서히/ 그리고 빠르게 냄새에 익숙해진다/ 세상만사 익숙해질 때 낭패가 기다리고 있다'는 것이 시인의 견해이다. 삶의 지혜는 개구리나 사람

이나 대등한 욕구를 지니고 있다. 세상만사가 익숙해지더라도 겸허한 삶을 지향하는 사람들도 적지 않을 것이라 믿고 싶다.

요즈음 가지를 활용하여 음식의 맛을 새롭게 조리하는 음식점이나 가정집에서도 음미하고 있는 사례가 많은 편이다. 시 「가지찜 만들기」는 시어머니로부터 전수 받은 가지찜 만들기의 비법을 화자인 며느리가 정성껏 배운 대로 답습하는 과정이다. '오이 소베기 만들 듯 4절 낸 칼집에/ 고기를 채 썰고 파 마늘 된장 고추장 양념으로 속을 채워/ 바닥이 넓은 냄비에 가지를 얹고 양념 그릇을 부신 물에 두르고 은근한 불에 익힌'다고 한다. 순간 '간이 맞아야 맛있지' 저승에 계신 시모님의 목소리가 귓가에 유현幽玄하게 들려와 깊고 그윽한 미묘함을 시인은 듣게 된다. 주먹구구식으로 만들었지만 간이 맞다고 며느리는 고개를 끄덕이고 있다. 어머니의 입맛을 충분히 설파한 셈이다.

    입동 지나 초겨울로 접어드는 쌀쌀한 날
    바람까지 불고 비도 휘뿌렸다
    외출하고 귀가하는 길이다
    무당거미 안부가 궁금해서 산책길을 택했다
    놀랍게도 무당거미는 집을 지키고 있었다
    아침 기온이 영상 4도

| 작 품 해 설 |

밤이면 체감 온도가 영도에 가까웠을 것이다
옷도 입지 않고 벌거벗은 이 절지동물의 강인함이 경이롭다

아니다
몸뚱이를 두른 비단 무늬가 추울수록 발열하는가 보다
神을 업고 춤을 춘 무당의 옷이었으니까.
— 시 「무당거미 3」 전문

해와 달과 별
지구도 모두가 동그라미
그 속의 모든 생명체도 동그라미
우리의 생각도 원 속에서 살아간다
행복도 시련 속에서 둥글어진다

동그라미의 씨앗은 작은 점이다
인류의 역사도 점에서 시작된다

우리의 인생
점에서 시작하여 점으로 끝난다.
— 시 「동그라미 속에서 산다」 전문

장의순 시인의 언술은 일반적이지 않다. 유머스럽고 해학적이며 그리하여 다소는 희극적이다. 시인의 특별한 思

考에 의한 독특한 창의성의 미학이 풀어내는 성찰이다 시「무당거미 3」을 감상하다 보면 비상한 상상의 날개를 펼치고 새로운 세계를 열어내는 경이로움을 읽게 된다. '입동 지나 초겨울로 접어드는 쌀쌀한 날/ 바람까지 불고 비도 휘뿌렸다/ 외출하고 귀가 하는 길이다/ 무당거미 안부가 궁금해서 산책길을 택했다/ 놀랍게도 무당거미는 집을 지키고 있었다/ 아침 기온이 영상 4도/ 밤이면 체감 온도가 영도에 가까웠을 것이다/ 옷도 입지 않고 벌거벗은 이 절지동물의 강인함이 경이롭다'고 시인은 놀라워한다. 외출하고 귀갓길에 마주친 한 마리 무당벌레에 미혹된 시인의 감성이 몸뚱이에 두른 비단 무늬가 추울수록 발열할 수 있어 神을 업고 춤을 추고 있는 무당 무당벌레의 춤사위를 그려주고 있다.

해와 달과 별 지구 안의 모든 존재들이 둥근 원 속에 갇혀 있다는 사실을 부정할 수 없다. 동그라미 속을 벗어나기 위해 닐 암스트롱은 달나라로 잠시 일탈을 하였는지 모른다 '우리의 생각도 원 속에서 살아간다/ 행복도 시련 속에서 둥글어진다'는 시인의 단호한 동그라미 예찬은 절대적이다. '동그라미의 씨앗은 작은 점이다/ 인류의 역사도 점에서 시작 된'다는 점으로부터 시작되는 생명 탄생의 역사를 가늠하게 한다.

| 작품 해설 |

샛노란 나비 떼가
꽃잎처럼 내려앉는다
서늘한 포도 위 바닥에

누워있는 나비를 밟는다
발끝에서 전해오는
나비의 꿈 노래가 들린다

이 길 위에서
후회 없이 사랑하다
샛노랗게 病들었다고.

- 시「가로수 은행나무」전문

하늘은 왜 저리도 서럽도록 푸른가 그리고는
더 이상의 표현이 생각나지 않는다
이미 유명 詩人들이 다 써먹어서 이삭조차 낯설지 않다

구르몽, 베르레느, 발레리. 레나우, 릴케, 헤세
옛 시인의 시구를 떠올리며
우울하면 길을 걷자
살갑게 느껴지는 늦가을 햇살을 온몸으로 받는다

유리알처럼 맑은 하늘도 좋고
근심스런 회색 구름도 좋다
나뭇가지를 애무하며 지나는 바람 소리와

> 길 위에서 서걱이며 맴도는 마른잎 소리는
> 세상의 어떤 음악보다도 선善한 인간을 만든다
>   – 시 「가을이 깊어가네」 전문

  시 「가로수 은행나무」는 낙엽이 꽃잎으로 포도에 내려앉는 풍부한 가을의 정서를 확장하고 있다. '샛노란 나비 떼'의 군무는 세상을 온통 노란 물감으로 채색하고 있다. 은행나무는 나비가 되고 샛노란 나비 떼는 은행나무의 현신이다. 곤충과 식물이 식물과 곤충이 크로스 오버가 되어 시적 묘사를 확대시키는 시이다. '샛노란 나비 떼가/ 꽃잎처럼 내려앉는다/ 서늘한 포도 위 바닥에// 누워있는 나비를 밟는다/ 발끝에서 전해오는/ 나비의 꿈 노래가 들린다// 이 길 위에서/ 후회 없이 사랑하다/ 샛노랗게 病들었다'는 서글픈 전설을 아름다운 삶의 기억으로 남게 하고 있다.

  가을은 무덥던 여름의 기세가 고개를 숙이고 난 뒤 천고마비의 계절이다. 맑은 하늘에 흰구름이 두둥실 떠다니는 청명한 정취를 하늘은 손쉽게 그려내고 있다. 하지만 파란 하늘을 품고 있는 이 가을의 풍성한 나뭇잎은 울긋불긋한 단풍으로 부터 눈부신 색감의 소멸을 감당해야 한다. '유리알처럼 맑은 하늘도 좋고/ 근심스런 회색 구름도 좋다/ 나뭇가지를 애무하며 지나는 바람 소리와/ 길 위에서 서걱이며 맴도는 마른 잎 소리는/ 세상의 어떤 음악보다도 선善

| 작 품 해 설 |

한 인간을 만든'다는 자연의 순연한 아름다움을 시인은 예찬하고 있다.

> 기적이 운다
> 먼 데서 가까이로
> 어둠을 뚫고 숨가쁘게 달려온 철마는
> 삶의 표적이다
>
> 치격 치격
> 치격 치격 치격
>
> 꿈도 좌절도 뒤섞여 버린
>
> 치격 치격
> 치격 치격　치격
> 푸―우
>
> 인생의 짐만큼 무거운 철마는
> 긴 한숨을 뱉어낸다.
> ― 시「종착역」전문

시「종착역」을 감상하면서 시인의 삶의 의미가 축척되어진 역사를 흐르는 강물의 굴곡처럼 짚어보았다. '먼 데서 가까이로/ 어둠을 뚫고 숨 가쁘게 달려온 철마는/ 삶의 표적이'다 라는 '꿈도 좌절도 뒤섞여 버린' 못다 한 삶의 흔적을 아쉬움으로 노래하는 공명을 담아내고 있다. '기적이 운다'는 철마의 눈물의 발자취는 역경의 표증으로 걸어온 시간의 흐름이다. 시 2년과 4년에서 청각적 언술의 어감으로 들려주는 '치걱 치걱/ 치걱 치걱 치걱/ 푸-우' 비상을 꿈꾸는 비에 젖은 새들이 들려주는 기적 소리일 것이다.

장의순 詩의 총괄적인 주제 의식은 끊임없이 비상을 꿈꾸는 한 마리 새의 혼신이라고 말할 수 있다. 무엇을 어떻게 소명해야하는 우주를 향한 기다림이 가득하다. 그만큼 바닥에서 저 먼 '인생의 짐만큼 무거운 철마는/ 긴 한숨을 뱉어내'는 종착역의 그늘을 가늠하고 있다. 무엇으로 어떻게 걸어온 것일까 비로소 '푸-우' 한숨을 쉬고 있다.

동그라미 속에서 산다